POUR LA GÉNÉRATION QUI VIENT

Benoît Hamon

POUR LA GÉNÉRATION QUI VIENT

ÉQUATEURS

contact@editionsdesequateurs.fr
www.editionsdesequateurs.fr

À mes filles.
À la génération qui vient.

Merci à Alexandre Kauffmann et Hadrien Bureau qui ont mis en musique nos échanges.

« Au milieu de l'hiver, j'apprenais enfin qu'il y avait en moi un été invincible. »

Albert Camus, *L'Été*.

Quelque chose a changé. Une génération a fait irruption au cœur de la campagne, consciente que notre pays se trouve à la croisée des chemins. On n'est pas sérieux quand on a vingt ans ? Cette génération est pourtant la seule clairvoyante. Elle vit un moment décisif : le vieux monde s'apprête à disparaître, le nouveau se cherche encore. Déçue par l'avenir qu'on lui assigne, la jeunesse a décidé d'en imaginer un autre, fait de progrès et de justice sociale. N'est-il pas temps de l'écouter ? Ces citoyens neufs ont la force et l'audace qui nous manquent. C'est en plein jour, éveillés, qu'ils veulent accomplir leur rêve.

J'ignore encore ce qu'on retiendra de ma génération. Né à la fin des Trente Glorieuses, j'ai connu quatre décennies de crise. L'essoufflement de la croissance et les prouesses renouvelées du chômage ont bercé mon enfance, mon adolescence et ma vie d'adulte. Depuis le milieu des années 1970, tous les candidats à l'élection présidentielle ont cherché à conjurer la crise. Mais le propre d'une crise, n'est-ce pas justement qu'elle ne dure pas ? L'étymologie de ce terme atteste d'un sens double : à la fois apparition d'une maladie grave et moment charnière. Tout le monde s'accorde sur le premier sens — notre monde est affecté par la pauvreté, le chômage, le dérèglement climatique. Personne, en revanche, ne s'entend sur les leçons à retirer du second : c'est le moment ou jamais d'agir, mais dans quelle direction ? Si une crise s'éternise, ne faut-il pas lui trouver un autre nom et de nouveaux remèdes ? Les mesures habituelles — politique d'austérité, flexibilité du travail, accroissement de la concurrence — ne fonctionnent plus. Elles condamnent notre société à l'inertie et à la régression. Les forces progressistes peuvent encore la sauver du pire en s'engageant dès aujourd'hui dans une transition sans précédent.

La jeunesse a déjà pris la mesure de ce défi. Elle nous somme de la suivre et de laisser à l'ancien monde les vieilles rengaines, les vieilles recettes, la vieille politique. Beaucoup, à commencer par les responsables politiques, refusent de l'entendre. Le regard tourné vers le passé, ils s'enferment dans un pays imaginaire, une nation assiégée, une France en déclin.

L'air vient à manquer. Le débat public s'enlise. Les idées sont enterrées avant d'être conçues. Les forces nationalistes gagnent du terrain de l'autre côté de l'Atlantique, aux marches de l'Europe, mais aussi au cœur de notre pays. La colère risque de l'emporter sur l'espoir et le désir de vivre ensemble. Les partisans de la peur et de la nostalgie vont jusqu'à se parer de nos couleurs. Ils détournent nos valeurs, prétendent protéger les petits, les sans-grade, les oubliés.

Ils veulent rendre le pouvoir au peuple mais s'apprêtent à encadrer la démocratie en proposant de mettre au pas fonctionnaires, magistrats et médias.

Ils se disent républicains quand ils défendent l'arbitraire.

Ils accablent l'Islam au nom de la laïcité tout en frayant avec les intégristes catholiques.

Ils promettent une France apaisée alors qu'ils préparent son éclatement.

Si leurs voix triomphent, s'ils parviennent à nous duper, nos enfants en paieront les conséquences. Ils découvriront à leurs dépens le vrai visage de Marine Le Pen. Une héritière bon teint parade en vitrine, mais qu'on ne s'y trompe pas : la France que nous réserve le Front national est agressive, fracturée, anxiogène. L'extrême droite au pouvoir est la promesse du désordre généralisé. Ce pays n'est pas le nôtre. Le Front national, ce n'est pas la France. Je comprends les inquiétudes, la détresse, mais on ne vote pas pour se venger. Face aux difficultés du quotidien, au sentiment de déclassement, il peut être tentant de s'abandonner au repli et à l'amertume. Ceux qui subissent ces épreuves ont parfois envie d'en découdre. Je comprends aussi ce sentiment de rage et de révolte. Pour neutraliser ces pulsions, les forces de gauche doivent porter un imaginaire puissant, capable de dessiner les contours d'une autre société. Ce n'est pas à la part nocturne, présente en chacun de nous, que j'en appelle. Ce manifeste s'adresse à notre intelligence, à notre bienveillance. Il n'y a pas d'autre choix. C'est la seule voie responsable et désirable pour les générations à venir.

Face à la gravité des enjeux, un citoyen seul, fût-il le meilleur, ne peut rien. L'homme providentiel est une fable. Il n'existe d'aventures que collectives. Le pouvoir n'est pas la conquête d'une personne. C'est celle d'un peuple. Je ne prétends pas détenir la vérité absolue. Je revendique le droit à une humanité imparfaite. J'offre une option aux Français. Je suis prêt à affronter la solitude du pouvoir, mais les solutions, elles, seront collectives. Chacun d'entre nous le sait en son for intérieur. Un candidat à l'élection présidentielle qui assurerait détenir seul la réponse à tous les maux de la France ne serait pas crédible.

Je rejette le costume du sauveur qu'on m'enjoint d'endosser. Je le rejette parce qu'il n'est pas sain, parce qu'il n'est pas utile, parce qu'il repose sur une imposture. Je connais le scénario de la pièce. Elle se donne tous les cinq ans. Toujours les mêmes acteurs, des généraux défaits en quête de revanche autour d'un roi sans couronne. Je leur laisse volontiers singer la puissance. La France vaut mieux qu'un concours de grimaces.

Au culte assumé du chef, la gauche a toujours opposé la force d'un espoir collectif. Alors que certains lui prédisaient une lente agonie, cette campagne a montré qu'il existait dans notre pays un souffle fécond, solidaire, à hauteur d'homme. C'est cette gauche que nous portons. Si elle ne s'exprime pas toujours d'une voix, de nobles inspirations la rassemblent. L'urgence du progrès social et écologique. Nos valeurs fraternelles et humanistes. Elles se transmettent d'une génération à l'autre, de 1789 à la Libération en passant pas la Commune et le Front populaire. Il est urgent de passer ce témoin à la jeunesse.

Être à la hauteur de ses attentes, c'est la suivre sur la voie d'une nouvelle ère, une ère où des termes comme diesel, carbone, perturbateurs endocriniens n'ont plus cours. C'est aussi, par une révolution copernicienne, modifier notre vision du travail afin d'éradiquer la grande précarité et de libérer la créativité. C'est encore appeler l'avènement d'une nouvelle République qui rende le pouvoir aux citoyens. Dans tous ces domaines, la société française est en avance sur les partis politiques. Inutile de garder les yeux rivés sur le passé. L'avenir est l'épicentre de ce manifeste.

Et peu m'importent ceux qui nous disent rêveurs, naïfs, utopistes. Peu m'importent ceux qui crient au déclin et font de la peur une profession.

L'essentiel, c'est le monde que nous laisserons à la génération qui vient.

21 avril 2002. Je travaille dans le secteur privé, au sein de la société de sondages IPSOS, prestataire de France 2 pour la soirée électorale du premier tour de la présidentielle. Je me trouve aux premières loges pour accueillir les résultats au moment où l'on voit, au moment où l'on sait. Je suis sidéré. Les jours précédents, je percevais déjà le détachement des électeurs face aux enjeux du scrutin. Le soir des résultats, face au « coup de tonnerre » qui s'abat sur Lionel Jospin, j'éprouve

un sentiment de colère, mais aussi de honte. La défaite sonne comme un avertissement. Quelque chose nous a échappé. Ce jour-là, le peuple de gauche s'en fait le serment : « Plus jamais ça ! »

Quinze ans plus tard, le Front national est aux portes du pouvoir. Personne ne doute vraiment de la présence de Marine Le Pen au second tour de la présidentielle. On ne s'en étonne plus. Beaucoup de Français semblent même indifférents. En l'espace de quinze ans, pendant qu'on s'obstinait à voir dans le 21 avril un accident de l'Histoire, une anomalie démocratique, l'« impensable » s'installait dans notre pays. Que s'est-il passé ? Comment le parti de la peur a-t-il pu prendre un tel ascendant sur les esprits ? Comment a-t-il pu enrouler aussi insidieusement nos valeurs de barbelés ? C'est le signe d'un échec collectif. La droite républicaine, flirtant avec les thèmes de l'extrême droite, a fait le lit de ses idées. Personne n'a su enrayer cette menace.

Des batailles ont pourtant été remportées au cours des cinq dernières années. Nous avons redonné de l'élan à l'Éducation nationale en créant 60 000 postes d'enseignants. Nous avons amélioré la santé des Français en généralisant la couverture complémentaire et le tiers payant. Portée par la force et le courage de Christiane Taubira, la gauche a institué le mariage pour tous et révisé la politique pénale pour ne plus faire de l'incarcération l'alpha et l'oméga de l'action judiciaire. Je suis fier de compter cette femme dans nos rangs. Elle n'a jamais cédé aux humiliations des conservateurs et des réactionnaires, qui l'ont si violemment insultée et méprisée. Elle fait l'honneur de cette gauche que je veux défendre. Face aux tragiques attentats terroristes que notre pays a connus, le président de la République a su protéger la France. Il a engagé nos forces à l'étranger dans des conditions éprouvantes. À ce titre, comme des millions de Français, je lui suis profondément reconnaissant.

Mais les cinq dernières années ont aussi un goût d'amertume, d'inachevé, de déception. Il faut entendre la désillusion qui gagne le pays. En 2012, les Français aspiraient à plus de justice sociale. La lutte contre les inégalités cristallisait tous les espoirs, toutes les attentes. La gauche a déçu cette exigence populaire pour s'abandonner à une forme d'impuissance volontaire.

Les convictions politiques seraient-elles hors d'âge ? Vouées à disparaître ? Les tenants du libéralisme annoncent la fin des clivages politiques, un monde où les frontières entre la droite et la gauche n'existeraient plus. Une évolution présentée comme une grande avancée démocratique. Les conflits d'intérêts et les rapports de force se dissiperaient naturellement. La société deviendrait paisible et uniforme, assommée par la sagesse du réalisme économique et de la rigueur budgétaire. C'est une vision naïve et dangereuse.

L'absence de choix, c'est la mort de la démocratie. Certains responsables politiques n'ont pas seulement perdu le goût de l'avenir. Ils ont perdu jusqu'au goût du débat, abdiquant toute couleur politique pour s'en remettre aux lois du marché. Ils proclament comme des slogans : « À quand les réformes structurelles indispensables ? » ou : « Pourquoi la France est-elle en retard sur ses voisins ? » La philosophe belge Chantal Mouffe nous met en garde contre ce bon sens obligé, ce réalisme prétendant réconcilier tous les contraires, tous les projets, toutes les aspirations. La diversité des points de vue, les désaccords passionnés font partie de la démocratie. Faut-il renoncer à nos combats au nom d'un consensus illusoire et d'un libéralisme béat ? Faut-il nier l'existence éventuelle de conflits d'intérêts entre actionnaires et salariés, bailleurs et locataires, consommateurs et grands groupes ?

Si ces divergences ne s'incarnent pas dans de solides projets politiques, si la gauche renonce à réenchanter une réalité désespérément grise, alors les élans de colère iront nourrir une tempête plus violente, que nul ne pourra contrôler. Quand les adversaires disparaissent du champ démocratique, ils ressurgissent ailleurs sous la forme de clivages religieux ou ethniques. Quand le conflit cesse d'être politique pour devenir moral, quand il sépare davantage le bien du mal que la gauche de la droite, les opposants se transforment en ennemis. Pour paraphraser Jean Jaurès, il vaut mieux se diviser sur des formules nettes que se perdre en d'obscures formules.

La gauche n'a pas seulement manqué de clarté. Elle a aussi entretenu le flou. Le symbole le plus éclatant de cette ambiguïté est la loi Travail, qui n'a jamais figuré dans le programme électoral de 2012. Élu président de la République, je l'abrogerai. Nous n'avions pas le mandat du peuple pour engager cette réforme, qui incarne l'abandon de nos valeurs au profit des thèses économiques de la droite. Certes, elle prévoit bien quelques avancées : la garantie jeune, le droit à la déconnexion ou encore le compte personnel d'activité. Mais un article de cette loi — un article parmi d'autres — heurte de plein fouet mes convictions : celui qui inverse la hiérarchie des normes. Comment accepter qu'un simple accord d'entreprise puisse dégrader des droits obtenus à l'échelle d'une branche ? Pour ne rien arranger, la même loi a facilité les conditions de licenciement. On peut désormais remercier un salarié sur le simple constat d'une baisse du chiffre d'affaires. Autrement dit, une entreprise est désormais en mesure de licencier pour motif économique quand bien même ses résultats demeurent positifs. Et pour enfoncer le clou, la loi Travail facilite la baisse de rémunération des heures supplémentaires.

Ce n'est pas en épousant les valeurs de la droite que nous répondrons aux défis de notre temps. Qui peut encore croire que le démantèlement du Code du travail et la dérégulation libérale viendront à bout de la crise sociale ? Qui peut encore penser que le modèle productiviste réglera la crise environnementale ? Qui peut décemment se convaincre qu'une politique ultra-sécuritaire empêchera toute attaque terroriste ? Face à l'instabilité du monde, aux menaces djihadistes, aux tensions migratoires, aux périls écologiques, le statu quo libéral et l'esprit de demi-mesure ne sont d'aucun secours.

La tentation autoritaire existe. Au cœur des grandes démocraties émergent des dirigeants qui répondent à la complexité du monde par la brutalité et la régression : les Trump, les Poutine, les Orban, les Erdogan et demain peut-être les Le Pen. Si l'inquiétude que nous ressentons est légitime, elle ne doit pas nous conduire à choisir le parti de l'ordre. Mitterrand affirmait que la clarté était la forme la plus difficile du courage. La confusion des idées, conjuguée à la timidité des actes, nous conduira sans détour au chaos. Les monstres qui prennent forme aujourd'hui vivent dans le passé et le fantasme. Seules nos convictions et notre bienveillance nous hisseront à la hauteur des défis qui s'annoncent.

À la violence et au désordre, opposons une intelligence commune. Loin de se résumer à un vote, la démocratie relève de l'intervention continue, vigilante et avisée des citoyens. C'est ainsi qu'ils manifestent leur liberté d'approuver, de protester, de proposer. N'est-il pas temps d'ouvrir nos institutions à la société civile qui bouillonne d'idées et brûle de s'épanouir ? Aux jeunes gens qui voteront cette année pour la première fois, et à tous ceux qui les ont précédés, j'aimerais offrir de nouveaux espaces d'expression, des espaces où ils seront entendus, où leurs initiatives seront prises en compte. Autant d'agoras fleurissant d'un bout à l'autre du pays, dans les quartiers, les entreprises, les salles de cours. Tel est l'esprit d'une grande démocratie moderne.

Je suis surpris par la méfiance que certains dirigeants entretiennent envers le peuple. Comme s'ils regrettaient le suffrage censitaire. La société, dans toute sa diversité, n'est-elle pas digne d'éclairer l'intérêt commun ? N'a-t-elle pas maintes fois démontré son avance sur le personnel politique ? Je ne cesse de m'étonner du mépris que nos représentants, en particulier ceux de droite, ont opposé au mouvement Nuit debout. On pensera ce que l'on veut de ce mouvement — revendications adolescentes pour les uns, sursaut démocratique pour les autres —, mais on ne peut que se réjouir de voir la jeunesse portée par un souffle et une envie de construire. C'est un geste radieux contre ceux qui cultivent une vision étriquée et crépusculaire de notre pays.

N'ayant plus voix au chapitre, les Français ont construit une « contre-démocratie ». Un ensemble de moyens alternatifs pour se faire entendre : lanceurs d'alertes, pétitions en ligne, stratégie d'influence... L'historien Pierre Rosanvallon se félicite de cette effervescence populaire qui déborde les institutions et démontre la vitalité des débats au sein de la République. Mais selon lui, lorsque la distance entre la société civile et ses représentants se transforme en gouffre, la défiance vire au populisme le plus ravageur. Le soupçon gagne alors les esprits. Pourquoi les citoyens délégueraient-ils leur pouvoir souverain à des individus qu'ils jugent corrompus ? Surtout lorsque ces mêmes citoyens n'exercent qu'un contrôle limité sur le pouvoir exécutif. La méfiance sape les fondements de la République. Elle devient le signe d'un régime en souffrance, compromis par les affaires à répétition.

Au cœur de ce système verrouillé, l'instauration d'un « 49-3 citoyen » apportera une grande respiration démocratique. Il permettra à 450 000 personnes — soit 1 % du corps électoral — non seulement d'imposer l'examen d'une proposition de loi au Parlement, mais aussi de suspendre l'application d'une loi déjà adoptée pour la soumettre à référendum.

Le droit d'initiative populaire existe dans de nombreux pays. La Finlande a inscrit en 2012 un « Citizens Initiative Act » dans sa Constitution : le peuple peut directement saisir le Parlement pour lui proposer une loi ou lui faire des suggestions d'ordre général. Il suffit pour cela que 50 000 citoyens se retrouvent autour d'un projet sur une plate-forme en ligne. Une fois les signatures réunies, l'initiative populaire doit être soumise au Parlement. Ce droit d'initiative — qui a permis, entre autres, d'instituer le mariage homosexuel — s'appuie sur les nouvelles technologies pour stimuler l'expression citoyenne. Voilà une mesure inventive qui permet de prévenir le divorce entre le peuple et les élites. Elle est surtout le signe d'une démocratie mûre. Une démocratie dont la nature consiste justement, selon Jules Romain, en une « façon de vivre où les gens osent se communiquer les choses importantes, toutes les choses importantes, où ils se sentent le droit de parler comme des adultes et non comme des enfants dissimulés ».

L'autre versant du « 49-3 citoyen » a lui aussi été expérimenté à l'étranger. Il a permis aux Italiens d'empêcher la privatisation de l'eau et la création de nouvelles centrales nucléaires. Deux mesures tournées vers l'avenir qui démontrent que le pouvoir citoyen ne conduit pas au désordre, au contraire. Certains s'inquiètent dans notre pays du poids excessif que ce 49-3 populaire accorderait à seulement 1 % du corps électoral. Les lobbies ne seront-ils pas tentés d'en profiter pour imposer leurs intérêts ? Certes, 450 000 citoyens pourront prendre l'initiative, mais l'ensemble des Français se prononcera in fine par référendum. Mieux : pour que cette décision soit prise en compte, il faudra qu'au moins la moitié du corps électoral se soit exprimée. Rassembler autant de signatures autour d'un projet n'est pas chose facile. En France, le premier site de pétitions en ligne — change.org — n'a réuni plus de 450 000 signatures que sur six propositions. Les sujets ? L'abrogation de la loi Travail. La lutte contre le gaspillage alimentaire. D'éventuelles sanctions contre les banques après le scandale des Panama Papers. Nous sommes loin d'intérêts privés défendus par des minorités malveillantes…

Bien sûr, des sourcils se froncent dans les rangs du personnel politique, qui campe sur ses prérogatives et refuse de prendre le moindre risque. La démocratie est une forme de gouvernement exigeante, qui ne se contente pas de demi-mesures. L'instabilité, les oppositions frontales, la menace du populisme appartiennent elles aussi au processus démocratique. Il faut en accepter les règles avec courage, même quand elles ne vont pas dans notre sens. En s'en remettant à la souveraineté populaire, chaque citoyen s'expose au risque de voir ses convictions contrées par le plus grand nombre. Principe qui soulève parfois de troublantes interrogations. Ainsi, ne serait-il pas légitime que le Front national, au vu des suffrages qu'il recueille, bénéficie d'une plus large représentation à l'Assemblée nationale ? Mépriser la voix du peuple ne fera jamais reculer l'extrême droite. C'est au contraire le verrouillage de la démocratie qui exacerbe les extrêmes.

D'une certaine façon, l'avènement de la VIe République a déjà commencé. Nos institutions sont aujourd'hui frappées d'obsolescence. Elles étouffent nos ardeurs démocratiques. La lassitude et la méfiance gagnent chaque jour du terrain. Nous devons refonder avec enthousiasme le pacte républicain qui nous unit. L'instauration de la VIe République rendra au peuple une part perdue de sa souveraineté : reconnaissance du vote blanc, instauration d'une dose de proportionnelle ou encore introduction d'un septennat unique. Près de 70 % des Français estiment que la démocratie de leur pays ne fonctionne plus, quand ils étaient à peine 50 % en 2009. Autre indice du découragement ambiant : neuf dixièmes de nos concitoyens ont une mauvaise opinion des personnes qui les représentent. Quant à la fonction présidentielle, si elle est taillée à la mesure d'un homme providentiel, elle se désacralise d'un mandat à l'autre. Pour le jeune historien Yann Potin, ces signes contraires — concentration des pouvoirs conjuguée à l'abaissement symbolique de la fonction — rendent nos institutions illisibles. Par ailleurs, notre démocratie continue d'ignorer trois générations d'immigration non européenne qui font aujourd'hui partie de notre pays. Un vaste appel d'air s'impose. Définir ensemble une Constitution est un acte fondateur qui engage bien plus qu'une élection. Il y a presque soixante ans que les Français ont accompli ce geste collectif pour la dernière fois. Depuis l'avènement de la Ve République, en 1958, le visage et les aspirations de la France ont changé. C'est pourquoi j'en appelle à un nouveau serment entre citoyens.

Ce réveil démocratique devra se poursuivre au-delà de nos frontières, à l'échelle européenne. La voix du peuple compte trop peu au sein de l'Union. La défiance envers ses institutions n'a jamais été aussi forte. Quand elles ont pris forme, au lendemain de la Seconde Guerre mondiale, n'avaient-elles pas pour mission de conduire les peuples d'Europe vers la paix et la prospérité ? L'Union n'en est pas moins devenue technocratique, lointaine, libérale. Elle a favorisé une concurrence sauvage au détriment des principes de solidarité qui animaient ses fondateurs. Tel est le symbole, aujourd'hui, de ses institutions : une élite déconnectée imposant l'austérité à tout un continent. Les peuples d'Europe n'ont pas manqué de manifester leur déception. À commencer par le référendum de mai 2005 sur le projet de Constitution européenne, auquel la France a opposé un net refus. Contre toute attente, puisque les deux grands partis de l'époque — le PS et l'UMP — y étaient favorables. Le message des Français était limpide : « Nous ne voulons pas continuer sur cette voie. » Une refonte des institutions européennes s'est-elle ensuivie ? A-t-on répondu à l'exigence de justice sociale ? Ce fut tout l'inverse. En 2009, la majorité de droite, emmenée par Nicolas Sarkozy, décidait d'ignorer la parole du peuple et votait à l'Assemblée nationale la Constitution européenne. Une trahison dont les effets se font encore sentir aujourd'hui. Dix ans après, dans quelle direction va l'Europe ? Les populismes se nourrissent d'un sentiment d'injustice et de malaise, sinon d'incompréhension. Le retrait de la Grande-Bretagne, en juin 2016, en offre une saisissante illustration. On ne méprise pas impunément l'aspiration des peuples : elle rattrape toujours son retard, le plus souvent dans des circonstances tragiques. « Le plus excellent symbole du peuple, c'est le pavé. On lui marche dessus jusqu'à ce qu'il vous tombe sur la tête », notait Victor Hugo dans ses *Choses vues*. Le Brexit est le pavé que personne n'attendait.

La démocratie peut-elle renaître au cœur de l'Europe ? À la présidence opaque et technocratique de la zone euro doit se substituer une gouvernance authentiquement démocratique. Confortés dans nos convictions par les analyses de l'économiste Thomas Piketty, nous instaurerons un parlement de la zone euro, fort de cent à cent cinquante membres. Issus des parlements nationaux ou du Parlement européen. Leur nombre dépendra du poids démographique de leur pays. L'Allemagne bénéficiera d'une trentaine de députés. La France d'environ vingt-cinq. Dans chaque pays, les enjeux fiscaux et économiques suscitent des divisions très marquées entre les partis politiques. Au sein du nouveau parlement, les décisions se prenant à la majorité — et non plus à l'unanimité d'une assemblée de ministres —, les progressistes pourront s'unir pour mieux se faire entendre et porter le projet d'une véritable Europe sociale. L'Allemagne, grande république parlementaire, ne peut fermer la porte à la démocratie.

Si les gauches européennes parviennent à s'unir, nous conduirons dans la zone euro une politique volontaire, à la hauteur de nos convictions. Une harmonie sociale et fiscale s'imposera pour en finir avec la concurrence qui empoisonne les relations entre États. Les dettes pesant sur les pays fragilisés par de longues périodes d'austérité devront être annulées. Ces pays n'ont-ils pas le droit de regarder l'avenir sereinement après tant de sacrifices ? La dette européenne sera mutualisée, obligeant les États à faire preuve de solidarité. Ils seront alors en position de force pour résister à la pression des marchés financiers et des groupes transnationaux. Sans cette convergence des stratégies économiques, négociée et transparente, l'Union restera à jamais inachevée et, achoppant sur l'austérité qu'elle impose aux pays membres, se videra peu à peu de son sens. Le repli identitaire enterrera à jamais les chances de construire une grande Europe politique et sociale, la laissant désarmée face aux menaces qui pèsent sur le continent.

Le renouveau démocratique de l'Union européenne prendra du temps. En France, l'urgence sociale n'a jamais été aussi forte. Beaucoup de citoyens ont perdu la maîtrise de leur vie. Ils n'ont d'autre choix que de s'incliner devant la violence de l'ordre économique. Là réside la véritable insécurité, évidence curieusement délaissée dans le débat public. Nos élites trouvent davantage d'intérêt à proclamer la fin de l'Histoire. Nous aurions déjà rejoint l'ère de la postpolitique. Un monde sans gloire, où triomphe le conformisme. Ainsi, l'idée de progrès aurait vécu et les conquêtes sociales seraient derrière nous. Ces discours, servant surtout les intérêts de ceux qui possèdent, masquent à grand-peine les inégalités criantes qui se font sentir dans notre pays. Les mots ont perdu le sens des réalités. Il est aberrant que la France, cinquième puissance mondiale, compte huit millions de pauvres, trois millions de chômeurs et autant de salariés précaires. Aberrant, encore, qu'un dixième des plus aisés possède la moitié de la richesse nationale. Aberrant, toujours, que notre pays soit champion d'Europe dans la distribution des dividendes et perde encore des milliards d'euros chaque année en raison de l'évasion fiscale. L'urgence sociale progresse et l'on stigmatise la misère avec toujours plus d'énergie, comme pour se donner une bonne raison de ne pas la combattre.

La génération qui vient ne s'en laisse pas conter. Elle a pris toute la mesure de cette précarité. 11 % des jeunes Français sont pauvres. Un quart subit le chômage alors que la moyenne nationale s'établit à 10 %. Et lorsqu'ils ont un emploi, il est le plus souvent précaire. Ils ne sont pas moins de 61 % à travailler dans le cadre d'un contrat à durée déterminée. Près de la moitié d'entre eux est obligée de trouver un emploi pour financer ses études. Autant de chiffres qui dessinent les contours d'un fléau national.

Pour la première fois dans notre histoire, les jeunes générations sont convaincues que leur existence sera plus dure que celle de leurs aînés. Vingt ans ne serait donc plus le bel âge de la vie ? En dépit du progrès médical, des avancées éducatives ou d'un accès facilité à la culture, les plus jeunes décrivent un monde en régression. La clef de l'équation est simple. Notre pays produit toujours davantage de biens, dans une débauche consumériste, mais il a perdu de vue la finalité du progrès. Qu'est-ce que le progrès sinon l'aspiration à une vie meilleure ? Humanisme, équité, amélioration des conditions de vie. Les jeunes l'ont compris : ils sont une majorité à estimer qu'il est impossible, sans solidarité, d'affronter les difficultés de la vie.

Les robots, les algorithmes, l'intelligence artificielle bousculent notre approche du travail. L'automatisation gagne du terrain, la productivité s'accroît, les emplois se clairsèment. En France, ce sont trois millions d'emplois qui pourraient disparaître à l'horizon 2025. Dans l'ensemble des pays de l'OCDE, on estime que 70 % des tâches sont automatisables. Lors de son dernier discours en tant que président, Barack Obama l'annonçait lui-même : « Le prochain bouleversement économique de notre pays ne viendra pas de l'étranger. Il viendra de l'incessante automatisation qui frappe d'obsolescence toujours plus d'emplois de la classe moyenne. »

Lorsque j'étais ministre de la Consommation, la direction d'une grande marque de distribution me confiait son optimisme : « C'est formidable, les consommateurs vont bientôt profiter d'un grand progrès. Demain, nous n'aurons plus seulement des caisses automatiques capables de scanner une dizaine d'articles. Nous aurons aussi des portiques semblables à ceux qu'on trouve dans les aéroports. Ils permettront de scanner intégralement les caddies. Le prix s'affichera en quelques secondes. Après le paiement par carte bleue, les portes s'ouvriront et nous quitterons la grande surface en ayant gagné dix minutes. » Peut-être gagnerons-nous dix minutes, mais combien d'emplois aurons-nous perdus ? Parmi les travailleurs qui tiennent les caisses, beaucoup ont le sentiment d'accomplir une tâche difficile et peu épanouissante. Ils n'en retirent pas moins un revenu indispensable à leur vie et à celle de leur famille. Ces mutations sont déjà en marche. À peine sont-elles annoncées qu'elles surgissent dans notre quotidien et le transforment. De l'autre côté de l'Atlantique, la Bank of America teste déjà des agences bancaires entièrement automatisées, sans guichetier ni conseiller ; Amazon livre ses premiers colis par drone ; et Uber expérimente dans les rues des voitures sans chauffeur… Faut-il pour autant accabler les machines ?

Cette révolution technologique représente aussi une chance. Elle libère l'homme de ses tâches les plus aliénantes et lui permet de se tourner vers des activités plus épanouissantes. Tous les biens et les services exigeront moins de travail. C'est une belle promesse. Mais ces bouleversements feront des gagnants et des perdants. Si les classes populaires sont en première ligne, aucun secteur, aucune couche de la société n'y échappera. Pour l'économiste Daniel Cohen, les machines s'attaquent d'abord aux tâches routinières, qui concernent surtout les métiers intermédiaires de la classe moyenne : secteur bancaire, téléphonie mobile ou encore agences de voyages. Le pouvoir des algorithmes et des robots, qui touche déjà les ouvriers peu qualifiés, s'étend progressivement à tous les secteurs, à tous les niveaux de qualification, y compris les métiers de conception et de pilotage. Rien ne garantit que les emplois détruits seront compensés par les recrutements de la nouvelle économie, qui exigeront quant à eux un effort colossal de formation. Les experts s'accordent toutefois sur un point : cette automatisation créera une rente financière pour quelques-uns et augmentera les inégalités pour tous. Elle fragilise au premier chef notre protection sociale, qui repose sur les cotisations des travailleurs. Comment la financerons-nous demain, quand d'innombrables emplois auront été remplacés par des machines ? Les rentrées fiscales s'assécheront et l'État verra encore ses marges d'action se réduire. Pour conjurer ces menaces, il faudra taxer les robots. C'est d'ailleurs une initiative que défend Bill Gates : il estime lui aussi légitime de redistribuer à tous les fruits de l'automatisation.

Une nouvelle précarité accompagne ces transformations : le marché, non content d'anéantir l'espoir, assène à ses victimes le dogme de la performance infinie. Des contrats courts, un salariat par intermittence, des exigences de formation accrues. Cette précarité envahit les derniers bastions de la vie privée et les mine de l'intérieur. Combien de salariés se trouvent broyés chaque année ? Trois millions de Français sont au bord du *burn out* — syndrome d'épuisement professionnel —, et huit salariés sur dix considèrent que la souffrance au travail augmente dans le pays. N'est-il pas légitime que les jeunes aspirent à autre chose ? À être protégés comme l'ont été les générations précédentes. À donner un sens à leur vie. À mieux équilibrer activités personnelles et professionnelles. Produire, optimiser, accélérer les cadences : ces consignes annoncent-elles un avenir souriant ? Vit-on pour travailler ? Ou travaille-t-on pour vivre ?

Les nouvelles générations ne demandent qu'à s'émanciper du cauchemar libéral. La loi du marché, les rattrapant par le col, leur oppose la voix de la sagesse : « Soyez raisonnables, on ne peut percevoir de revenu sans travail... » Pourtant, à y regarder de plus près, ce bon sens dissimule une logique absurde. Pourquoi laisser le marché décider à notre place, quand ses choix s'avèrent désastreux ? Prend-il en compte les diverses aspirations des travailleurs ? Fait-il une quelconque différence entre eux ? Entre ceux qui s'épanouissent dans leur métier, ceux qui en cherchent désespérément un ou encore ceux qui veulent à tout prix échapper à une activité aliénante ? Le marché tranche pour eux d'une main lourde — et non pas invisible, comme on se plaît à le croire. Ce partage sauvage du travail s'opère toujours aux dépens des employés les plus fragiles : les jeunes, les femmes, les immigrés, les seniors, les ouvriers de la métallurgie...

Après les avoir privés d'emploi, les partisans du néolibéralisme les enveloppent d'un regard docte et réprobateur. Dispositions d'esprit que la sociologue Dominique Méda résume parfaitement quand elle explique que le chômage est perçu comme « un défaut individuel de l'ordre de la paresse alors qu'il devrait apparaître comme un défi collectif ». Cette vision libérale, à la fois courte et injuste, sape le droit des plus faibles, les obligeant à retrouver un emploi à n'importe quel prix. L'Allemagne a fait ce choix. D'une certaine manière, elle en paye les conséquences. Son taux de chômage est certes inférieur au nôtre — autour de 5 % —, mais son taux de pauvreté, lui, atteint 17 % — soit près d'un cinquième de plus qu'en France. Est-ce l'exemple que nous voulons suivre ? Une société qui crée des emplois coûte que coûte, même sous-payés, précaires et nocifs pour l'environnement ?

Face à ces tristes promesses, il existe une autre perspective, plus audacieuse et réjouissante. Elle tient en quelques mots : le revenu universel d'existence. C'est avant tout un gage d'autonomie, en particulier pour les petits salaires et les métiers difficiles. Les actifs pourront profiter d'une réduction du temps de travail tout en conservant leur pouvoir d'achat. Parfois même en l'augmentant. Les salariés auront plus d'indépendance et de force dans leurs négociations avec les employeurs. Il s'agit de rendre aux citoyens la maîtrise de leur vie.

Le revenu universel s'adressera en priorité aux jeunes et aux précaires. La première étape de sa mise en œuvre ?

Augmenter le RSA de 10 % — c'est-à-dire le hisser à 600 euros — et le verser automatiquement à tous les individus pouvant y prétendre. Pour profiter de ce minimum social, il faut aujourd'hui le réclamer. C'est pourquoi un tiers des personnes éligibles n'en bénéficie pas. Au-delà des citoyens vivant dans la grande précarité, un revenu de 600 euros sera également versé à tous les jeunes de dix-huit à vingt-cinq ans, sans aucune condition de ressources. Un tel changement exige une conversion radicale du regard que nous posons sur le travail. Il nous invite à renoncer aux dualismes stériles et aux vieux schémas de pensée. L'enjeu est de taille : confrontés à une pauvreté endémique, les jeunes doivent avoir les moyens de choisir leur avenir.

Au lendemain de la première étape sera lancée une grande conférence sociale réunissant partenaires sociaux, chercheurs et personnalités de la société civile. Nous préparerons ensemble le passage à un revenu universel plus important, destiné à l'ensemble de la population française. Nous dresserons la grande arche de la sécurité sociale du XXIe siècle. Elle permettra de mieux organiser sa vie, de choisir son métier plus soigneusement, de se former à n'importe quel âge. Quelle sera la finalité de ces nouvelles libertés ? S'épanouir, allonger la durée de ses études, reprendre un cursus universitaire, s'engager bénévolement, créer sa propre activité ou tout simplement avoir plus de temps pour s'investir dans sa vie personnelle et familiale. Le sociologue Robert Castel rappelait que « la protection sociale n'est pas seulement l'octroi de secours en faveur des plus démunis pour leur éviter une déchéance totale. Au sens le plus fort du mot, elle est pour tous la condition de base pour qu'ils puissent continuer d'appartenir à *une société de semblables* ».

Ce grand projet s'inscrit naturellement dans la continuité de l'économie sociale et solidaire, secteur qui répond à des besoins oubliés par le marché et la puissance publique : l'insertion professionnelle, la santé, la petite enfance ou encore le logement. Alors que la croissance française tourne au ralenti, ces initiatives font preuve d'une insolente vigueur : elles représentent un dixième du PIB et contribuent activement à la création d'emplois. Leurs vertus ne s'arrêtent pas là : en plus de respecter l'environnement, elles encouragent la gouvernance démocratique au sein des entreprises. Lorsque j'étais ministre de l'Économie sociale et solidaire, j'ai donné davantage de poids à ces initiatives, qui sont à présent reconnues par la loi et disposent de véritables moyens pour se développer. L'enjeu n'a rien d'anecdotique : il s'agit de rendre le pouvoir aux travailleurs dans les entreprises, aux consommateurs face aux grands groupes, aux citoyens dans notre démocratie.

En cette période de transition que connaît la France, l'espérance doit-elle disparaître ? L'abdication des rêves est-elle définitive ? En 1936, lorsque le Front populaire a voté la loi des 40 heures, ne l'accusait-on pas d'irréalisme ? Certains voulaient y voir un simple droit à la paresse. Quelques années plus tard, à la Libération, dans un pays en ruine, lorsque le Conseil national de la Résistance a annoncé la création de la Sécurité sociale, s'agissait-il d'une ambition déraisonnable ? Les esprits chagrins étaient persuadés que les impératifs économiques devaient l'emporter sur les réformes sociales. « Assurer à tous les citoyens des moyens d'existence dans tous les cas où ils sont incapables de se les procurer par le travail » : la volonté commune de se relever et d'aller de l'avant a rendu ce rêve possible. Plus récemment, à la fin des années 1980, lorsque Michel Rocard a mis en place le RMI, des voix à droite promettaient une « usine à immobilisme » et le triomphe des pauvres sur les riches. Les forces conservatrices n'ont jamais été avares d'arguments pour faire barrage aux progrès sociaux, pour réduire la liberté à un principe abstrait.

À condition d'abandonner nos vieilles lunes, nous pouvons échapper à l'ordre ancien. En un siècle et demi, le temps de travail des salariés français a été réduit de plus de moitié. Pour quel résultat ? Nous n'avons jamais été aussi riches et productifs. La baisse du temps de travail est une constante de l'Histoire. Pourquoi ruinerait-elle notre pays demain quand elle lui a profité hier ? Dans ce domaine, Dominique Méda nous invite à nouveau à surmonter nos préjugés : « Non seulement tous les pays occidentaux (mis à part les États-Unis) ont réduit leur temps de travail depuis soixante ans, mais — à rebours des clichés éculés — la France est loin d'être le pays où l'on travaille le moins ! Aux Pays-Bas, au Danemark et en Allemagne, la durée hebdomadaire moyenne de travail effectif est moins élevée, si l'on prend en considération les personnes travaillant à temps complet et celles à temps partiel... »

N'oublions pas que la France doit aux 35 heures plus d'une réussite économique et sociale.

Près de 350 000 emplois ont été créés en France grâce à cette loi. Au tournant du millénaire, notre pays et ses voisins ont connu une vigoureuse période de croissance. Ces mêmes années, nos emplois ont progressé deux fois plus vite qu'en Allemagne ou en Grande-Bretagne. Où chercher les raisons de ce succès sinon dans les 35 heures ? Cette loi a-t-elle réduit les marges des entreprises ou nui à leur compétitivité ? Nullement, grâce aux exonérations de charges offertes par l'État. Tel est l'enseignement du passé. Les adversaires des 35 heures, incapables de s'appuyer sur des chiffres, se réfugient dans l'idéologie. Élu président, si je ne toucherai pas à la durée légale du temps de travail, j'inciterai les entreprises à valoriser les 32 heures, la semaine de quatre jours ou les congés sabbatiques...

Pourquoi le chômage persiste-t-il alors que quarante milliards d'euros sont dépensés chaque année dans le pacte de responsabilité ? Le gouvernement s'est enfermé dans une logique libérale de diminution du coût du travail particulièrement risquée. Comme on pouvait s'y attendre, les entreprises n'ont pas joué le jeu. Au lieu d'embaucher, elles ont reconstitué leurs marges et le plus souvent augmenté les dividendes distribués, au détriment des salaires et de l'emploi. Nous réaffecterons ces fonds publics pour encourager la réduction du temps de travail grâce à des mécanismes d'incitations financières. Une simple perspective prouve la pertinence de ce choix : la France et l'Europe ne retrouveront jamais les taux de croissance des Trente Glorieuses. Depuis la fin des années 1960, la tendance est à la baisse. Ne faut-il pas y voir une chance plutôt qu'une défaite ? « Celui qui croit que la croissance peut être infinie dans un monde fini est soit un fou, soit un économiste », souligne l'américain Kenneth Boulding. Il est temps de renoncer au culte de la croissance. Combien de sacrifices et d'offrandes inutiles ont été faits sur l'autel d'un PIB moribond ?

À quoi bon se procurer des biens, conquérir de nouveaux droits ou profiter davantage de nos loisirs si nous ne pouvons jouir d'un air respirable ?

N’y a-t-il pas urgence à prendre soin de nous-mêmes ? À quoi bon construire un monde plus juste si nous y vivons moins bien ?

En début d'année, pendant plusieurs jours, mes deux petites filles n'ont pas été autorisées à sortir dans la cour de récréation à cause des épisodes de pollution qui sévissaient en région parisienne. Voilà où nous mène notre modèle de développement, construit sur une quête effrénée de croissance. Est-ce un monde saturé de particules fines que nous voulons laisser aux prochaines générations ? Le 8 août dernier, dans notre démesure consumériste, nous avons épuisé toutes les ressources naturelles que la planète est capable de produire en une année. Il faudrait aujourd'hui plus d'une planète et demie pour subvenir à nos besoins.

Nous vivons à crédit. Le moment est venu de renoncer à cette ruée suicidaire vers la croissance, qui a largement éprouvé ses limites, comme en témoignent les milliards dépensés par le gouvernement et les vaines dispositions des lois Macron et El Khomri. Pourquoi s'acharner à courir après les déciles d'un PIB qui favorise les inégalités ? Pourquoi se soumettre à un modèle de croissance à la fois inefficace sur le plan économique et injuste sur le plan social ?

Cette course insensée nous détourne de l'essentiel : l'épanouissement et le bien-être des populations. Les trois lettres du PIB ne disent rien des inégalités, de nos conditions de vie, de l'émancipation personnelle ou encore de la confiance en l'avenir. À la fin des années 1960, Bob Kennedy, frère cadet de l'ancien président des États-Unis, relevait déjà cette contradiction : « Notre PIB prend en compte, dans ses calculs, la pollution de l'air et la publicité pour le tabac. Il comprend la production du napalm et des armes nucléaires. Il comptabilise la fabrication du fusil Whitman et du couteau Speck, ainsi que les programmes de télévision qui glorifient la violence en vue de vendre plus de jouets à nos enfants. En revanche, le PIB ne tient pas compte de leur santé, de la qualité de leur instruction, ni de la gaieté de leurs jeux. Il ne mesure pas la beauté de notre poésie. Il ne songe pas à évaluer la qualité de nos débats politiques ou l'intégrité de nos représentants. Il ne prend pas en considération notre courage, notre sagesse ou notre culture. En un mot, le PIB mesure tout, sauf ce qui fait que la vie vaut la peine d'être vécue. » Est-ce à dire que je prône la décroissance ? Je me refuse à défendre une telle idée, qui tombe dans les mêmes excès que le camp adverse. Il faut échapper aux logiques binaires. La croissance qui m'importe est celle de l'éducation, de la santé, de la culture, des énergies renouvelables. Pour la mesurer, il nous faudra de nouveaux indicateurs.

Dans *L'Exil d'Hélène,* un texte essentiel pour moi, Camus dénonce l'orgueil de l'humanité qui prétend soumettre la nature. Il y évoque des déesses vengeresses, les Érinyes, prêtes à châtier tous ceux qui veulent faire sortir le monde de son orbite. Dans mon esprit, les Érinyes sont aujourd'hui associées aux dérèglements de la planète. Pour préserver durablement notre avenir, le climatologue Jean Jouzel, Prix Nobel de la paix, estime que les émissions de gaz à effet de serre devront diminuer dès 2020 de manière drastique. Ensuite, si l'humanité veut survivre, il lui faudra les diviser par trois entre 2020 et 2050. « Nous n'avons plus qu'une vingtaine d'années devant nous d'utilisation des énergies fossiles », avertit le Prix Nobel.

Les particules fines, issues de ces énergies, affectent d'abord la santé des enfants, des femmes enceintes et des personnes âgées. La seule pollution de l'air tue chaque année près de 50 000 personnes en France. Nous voilà prévenus. À nous d'agir. Je m'attaquerai fermement aux énergies du passé. À commencer par le diesel. Les scandales qui ont récemment éclaté autour des mensonges du groupe Volkswagen ont démontré l'incapacité des constructeurs à concevoir des moteurs propres avec ce type de carburant. Dans cette affaire, les industriels nous ont trompés. Les lobbies ne cessent de fabriquer du doute. Ils s'emploient à nous rassurer : « Le diesel est propre. » Comme ils disaient autrefois : « L'amiante est un produit miracle », ou : « Le réchauffement climatique est un fantasme. » Ils nous bercent d'illusions pour accroître leurs profits. Combien de temps encore les laissera-t-on jouer avec notre santé et celle de nos enfants ? L'immobilisme conduit droit aux maladies chroniques. D'ici à 2025, je veillerai à ce qu'il n'y ait plus aucun véhicule diesel mis en circulation.

Je compte également le nucléaire parmi les énergies du passé. Nous ne pouvons adosser notre avenir à une matière aussi imprévisible. L'accident qui s'est produit récemment à la centrale de Flamanville — même s'il ne concernait pas directement un réacteur — vient rappeler les menaces associées au nucléaire. Le Japon peine encore à se remettre de la catastrophe de Fukushima, survenue en 2011. Sait-on seulement que 25 000 habitants de l'archipel ont été exposés à des doses élevées de radiation et que le coût financier de ce désastre s'élève déjà à près de 200 milliards d'euros ? Au-delà des enjeux de santé et de sécurité, le nucléaire soulève bien d'autres questions, comme la dépendance à l'uranium ou l'effort considérable qu'exige la rénovation des vieilles centrales. Il n'est d'avenir que dans les énergies renouvelables. Je prends l'engagement de les valoriser de sorte qu'elles représentent la moitié de notre production énergétique à l'horizon 2025.

Où que se porte notre regard, les conditions de vie se dégradent. Les pesticides contenus dans notre alimentation et dans l'eau favorisent l'apparition de maladies graves. D'autres perturbateurs endocriniens modifient le fonctionnement de notre système hormonal. Présents dans de nombreux objets du quotidien — vêtements, contenants alimentaires, couches pour bébés —, ils peuvent être à l'origine de cancers ou d'une baisse de la fertilité. Une fois encore, les personnes les plus exposées à ces dangers sont les enfants et les femmes enceintes. Autant de nuisances et d'inégalités qui me conduiront dès le début de mon quinquennat à interdire les pesticides et les perturbateurs endocriniens les plus dangereux. Comme par le passé, je n'aurai pas la main qui tremble face aux intérêts privés. J'étais ministre de la Consommation quand le bisphénol A, produit hautement toxique, a été interdit.

Le sinologue François Jullien évoque l'incapacité de l'Occident à concevoir les nuances les plus subtiles du changement. À la différence de la pensée chinoise, notre philosophie privilégie les transitions marquées et les ensembles bien définis. En Occident, tant que les choses ne sont pas advenues, on ne les considère pas. Pour éclaircir son propos, François Jullien s'appuie sur l'image de la neige qui fond. Ce spectacle nous paraît bien souvent déroutant : est-ce encore de la neige ou déjà de l'eau ? Nous ne percevons pas les « transformations silencieuses » du monde. J'ai pourtant le sentiment que les Français, quand il s'agit d'environnement, parviennent à surmonter cette défaillance de la perception. Beaucoup remarquent déjà les mutations qui s'opèrent autour d'eux. La température qui progresse insensiblement. Un agriculteur contraint de renoncer à ses semences. Une espèce qui disparaît. Un poisson tropical pêché au large de la Bretagne. Les paysages qui se métamorphosent silencieusement. Aux quatre coins de notre pays, une longue réflexion arrive à maturité. Une conscience se dresse enfin contre les lobbies, la cupidité ambiante et les visions politiques à court terme. Les Français sont prêts à s’engager dans une grande transition écologique.

Prendre soin de la planète et prendre soin de l'autre sont intimement liés. L'attention que nous portons à notre environnement participe d'un esprit de tolérance. Qui peut dignement balayer devant sa porte, s'enfermer dans sa tanière et refuser de tourner son regard vers les autres ? « Ce n'est pas dans je ne sais quelle retraite que nous nous découvrirons : c'est sur la route, dans la ville, au milieu de la foule, choses parmi les choses, hommes parmi les hommes », écrivait Jean-Paul Sartre. Notre liberté surgit à la croisée des chemins, des peuples, des idées. N'ayons pas peur de porter notre regard au loin, au-delà de nos traditions. En Afrique, aux confins de la Tanzanie, il existe un peuple de chasseurs libres et égalitaires nommés les Hadza. Bien qu'ils ne soient que mille, ils ne craignent pas un instant de disparaître. Ils savent qui ils sont. Leur société a traversé les millénaires. Si ce modèle n'est pas reproductible sur notre continent, il n'en demeure pas moins inspirant. Je veux faire entendre que l'égalité, la confiance et l'ouverture aux autres sont d'authentiques gages d'avenir et de longévité.

En cette période incertaine, un trouble identitaire s'empare de la France. Plusieurs partis l'entretiennent à des fins électoralistes. Ils montrent du doigt certains d'entre nous. Ils dressent les citoyens les uns contre les autres. Ils évoquent une France imaginaire, une nation blanchie par les siècles, un pays minuscule et uniforme qui n'a jamais existé. Leurs cibles — toujours désignées comme l'altérité menaçante — évoluent d'une décennie à l'autre. C'étaient hier les Italiens, les Espagnols, les juifs, les Polonais. Ce sont aujourd'hui les musulmans. L'islam est l'obsession française de ce début de XXIe siècle. À telle enseigne qu'elle déforme notre perception de la réalité. Nos concitoyens, interrogés en 2014 dans le cadre d'une enquête internationale, estiment que les musulmans représentent un tiers de la population française alors qu'ils sont à peine 8 %. L'autre nom d'un malentendu…

La peur de l'islam est bien sûr entretenue par la crainte des attentats djihadistes. Le danger, de ce point de vue, n'a jamais été aussi élevé. Il est impossible de l'ignorer. Mais face à une menace mouvante, il faut ajuster la riposte. L'obsession, la peur et les phobies nous rendent vulnérables. Pour de nombreux responsables politiques, un bon musulman, c'est un musulman qui n'est pas… musulman. Bref, un musulman sans croyance, sans rite. Face à autant de confusions, quelle doit être l'attitude de la République ? Où se trouve la juste mesure ? La réponse est gravée dans le marbre depuis 1905, dans cette loi qui consacre la séparation de l'Église et de l'État. Marine Le Pen chante aujourd'hui les vertus de la laïcité ? A-t-elle oublié que la droite et l'extrême droite se rangeaient parmi les plus féroces opposants à cette loi ? Je ne la laisserai pas corrompre ces valeurs qu'elle prétend défendre, au mépris de l'honnêteté la plus élémentaire.

Il faut énergiquement rappeler le sens de la laïcité à ceux qui l'utilisent pour stigmatiser nos concitoyens musulmans. « La laïcité, ce n'est pas un dogme de plus, ce n'est pas la religion de ceux qui n'ont pas de religion, c'est l'art de vivre ensemble », observe François Hollande avec la plus grande justesse. Le premier article de la loi de 1905 précise : « La République assure la liberté de conscience. Elle garantit le libre exercice des cultes sous les seules restrictions édictées dans l'intérêt de l'ordre public. » Ces principes garantissent notre liberté, celle de croire ou de ne pas croire. Mais ils permettent surtout à ceux qui croient et à ceux qui ne croient pas de vivre ensemble. La loi de 1905 doit être appliquée à la lettre. Toute la loi. Rien que la loi.

Aristide Briand, l'un de ses principaux artisans, constatait qu'il y avait dans l'Église catholique des curés, des évêques et même un pape : « Que voulez-vous ? ajoutait-il. Ce sont des mots qui peuvent écorcher les lèvres de certains mais qui correspondent à la réalité. Vous voulez faire une loi qui soit braquée sur l'Église comme un revolver ? Vous serez bien avancés quand vous aurez fait cela ! » Certains de nos compatriotes sont musulmans, d'autres sont juifs ou catholiques, d'autres encore n'ont pas de croyance religieuse. Devons-nous apprendre à vivre ensemble ou continuer à nous déchirer ? Retrouvons le sens de nos principes fondateurs et rassemblons-nous.

Dans notre pays, une femme a le droit de s'habiller comme elle l'entend. Elle doit pouvoir porter aussi bien un foulard qu'une minijupe. La loi de 1905 la protège dans un cas comme dans l'autre.

Au nom de la liberté de conscience, personne ne peut imposer un dogme contre la volonté d'autrui. Encore moins par la violence. Ne laissons pas les fanatiques de tous bords dresser les Français les uns contre les autres. Il existe bien une dérive sectaire et violente au sein d'une fraction de l'islam. Des groupes religieux tentent de remettre en cause les libertés fondamentales de la République. Contre eux, il nous faut lutter sans relâche, mais ne cédons pas à la tentation des amalgames et des prêches apocalyptiques. J'ai passé quatre ans de ma jeunesse à Dakar, au Sénégal. Il y avait parfois des tensions et des réflexes communautaires, mais j'y ai appris qu'il était possible de surmonter les dissensions en les inscrivant dans un grand horizon collectif. Le Sénégal, même s'il a connu des difficultés ces dernières années, s'est imposé comme l'une des plus solides démocraties du continent. Je demeure convaincu avec Claude Lévi-Strauss que « l'exclusive fatalité, l'unique tare qui puisse affliger un groupe humain et l'empêcher de réaliser pleinement sa nature, c'est d'être seul ». Le repli identitaire détruit ce que nous sommes et ce qui fait notre force. Les extrémistes, s'ils continuent à détourner le principe de la laïcité pour nous diviser, feront de notre pays un vaste champ de bataille. Le doigt inutilement pointé sur une religion, ils suivent l'exemple de ce peuple de la Grèce antique qui marchait en armes jusqu'aux frontières en donnant des coups de lance en l'air : ils espéraient ainsi chasser les dieux étrangers…

Les chantres de la division tirent profit des défaillances de la puissance publique. Le personnel politique n'a pas su — sinon voulu — lutter contre les inégalités sociales, toutes ces inégalités qui nous rendent étrangers les uns aux autres. Ils n'ont pas su entendre les besoins et les aspirations qui montaient de la jeunesse des banlieues. Ils semblent déjà loin ces jours de janvier 2015, au lendemain des attentats, où l'on voyait des manifestants embrasser les forces de l'ordre. Les citoyens saluaient alors leur courage et leur abnégation. Aujourd'hui encore, la police bénéficie d'une image globalement positive dans notre pays. Mais c'est avant tout un principe que les citoyens plébiscitent, celui de l'existence même d'une force publique. Le taux de confiance qu'ils lui accordent, en revanche, dévoile une autre réalité : plus d'un Français sur trois pense que la police traite sans respect le public auquel elle est confrontée, ce qui nous place loin derrière les grandes démocraties de l'Union européenne. Dans les quartiers défavorisés, la défiance des jeunes est plus vive encore : nombre d'entre eux perçoivent les forces de l'ordre comme violentes et racistes.

Il est inacceptable que des agents chargés de protéger la population s'abandonnent à des pratiques de harcèlement. Un père de famille noir m'a confié il y a peu son inquiétude. Avant, comme tous les parents, il craignait que ses enfants fassent une mauvaise rencontre, basculent dans la drogue ou se laissent embrigader par des fanatiques. À présent, il a une crainte supplémentaire : qu'ils soient victimes d'un dérapage policier.

Inquiétude qui semble d'autant plus légitime après les sévices subis par Théo. Ce jeune habitant d'Aulnay-sous-Bois, interpellé pour des faits qui ne le concernaient pas, a été violemment agressé par des policiers. La nature de cette agression vise sans ambiguïté à exercer une odieuse forme de domination. Au cours de ce triste épisode, quatre agents représentant les forces de l'ordre se sont comportés comme autant d'agents du désordre. Après avoir relativisé ces agissements inacceptables, un représentant syndical a sali l'image et le travail de sa profession en affirmant que l'insulte « Bamboula » demeurait « à peu près convenable ». Au-delà des actes individuels, c'est l'institution policière elle-même qui doit évoluer.

Son fonctionnement souffre aujourd'hui des politiques inconséquentes du passé. La droite, prisonnière de ses fantasmes, s'est employée à enterrer la police de proximité. Si cette politique était loin d'être parfaite, elle n'en encourageait pas moins le dialogue avec les habitants des quartiers difficiles ainsi que les échanges avec les acteurs locaux — éducateurs, associations, mairies. Nicolas Sarkozy a brutalement mis fin à l'expérience, lançant symboliquement à des agents lors d'un déplacement à Toulouse : « La police n'est pas là pour organiser des tournois sportifs, mais pour arrêter des délinquants, vous n'êtes pas des travailleurs sociaux. »

Une politique répressive, fondée sur la « culture du résultat », s'est mise en marche. Ou plutôt en ordre de bataille. Au lieu d'encourager les policiers à démanteler les réseaux criminels, elle s'est contentée de demander du chiffre. Sous le quinquennat de Nicolas Sarkozy, les forces de l'ordre ont ainsi « fait du "shiteux" et du "sans-papiers" » dans le seul espoir de remplir des objectifs. Sous le gouvernement de François Fillon, le nombre d'interpellations a tellement augmenté qu'il a fallu modifier la loi sur les gardes à vue pour désengorger le système pénal.

Cette politique, en plus de décrédibiliser les agents auprès de la population, a mobilisé des effectifs colossaux pour des résultats négligeables.

En 2012, sur ce champ de ruines, la gauche a lancé des initiatives intéressantes, même si elle a manqué à certains de ses engagements. La mise en place d'un numéro d'identification sur les uniformes, d'un code de déontologie ou encore d'une plate-forme en ligne pour recueillir les plaintes contre les agents a donné des gages aux citoyens. Mais je veux aller plus loin dans la lutte contre les discriminations, en associant un récépissé à chaque contrôle d'identité. Loin de remettre en cause les prérogatives des forces de l'ordre, cette mesure les aidera à regagner la confiance de la population.

Les jeunes générations des quartiers défavorisés ne doivent plus se sentir humiliées. Également lancée en 2012, la politique des zones de sécurité prioritaire a permis de s'attaquer aux trafics de drogue. Il ne suffit pas de contrarier ces réseaux. Il faut les annihiler. Seule une politique qui dépasse les enjeux sécuritaires peut porter cette ambition, en encourageant la lutte contre les inégalités, la réduction du chômage ou la légalisation du cannabis pour détruire les trafics.

Au quotidien, les forces de l'ordre engagent la dignité et les principes de la République. Nous sommes tous comptables de leurs actions. C'est pourquoi il faut entendre le malaise, à bien des égards légitime, qui traverse cette institution. Beaucoup de policiers travaillent dans des conditions éprouvantes et souffrent d'un profond manque de reconnaissance. Nombre d'entre eux sont exposés au *burn out*. Le taux élevé de suicides dans les rangs de la police en témoigne. Pour ne rien arranger, ils sont mal payés. Élu président, j'accorderai des primes aux agents exerçant dans les zones les plus difficiles. Au cours du prochain quinquennat, je prévois également la création de 5 000 postes de policiers. Les forces de l'ordre seront mieux réparties, plus présentes dans les communes démunies, moins dans les quartiers prospères. C'est ainsi que je conçois la police de demain : juste, efficace, proche des citoyens.

Si les tensions s'exacerbent dans les quartiers défavorisés, c'est qu'elles se nourrissent d'un sentiment grandissant d'injustice et d'insécurité sociale. Que sont devenues les promesses qui fondent notre vie collective ? N'est-ce pas d'abord à l'école de tenir ces engagements ? Notre République s'est construite sur une exigence d'égalité, sur l'opportunité offerte à chaque Français de s'émanciper socialement par l'apprentissage et le savoir. Pour beaucoup, ces principes rendent aujourd'hui un son creux. Où est la liberté quand l'éducation trie les élèves au lieu de les faire progresser ? Où est l'égalité quand nos institutions reproduisent des privilèges au lieu de donner une chance à chacun ? Où est la fraternité quand des parents d'élèves s'opposent à la mixité sociale ?

Gardons-nous des grands principes suspendus dans le ciel des idées. On ne peut plus se contenter de faire chanter les mots. La lutte contre les inégalités et les discriminations commence sur les bancs de l'école : c'est là que naissent l'espoir et l'envie de vivre ensemble.

À Brest, dans la maison où j'ai passé l'essentiel de mon enfance, il y avait peu de livres. C'est l'école qui m'a donné le goût de la lecture. La littérature peut surprendre, choquer, rassurer, parfois blesser. Dans tous les cas, elle a la vertu de nous habituer à la différence. Je n'oublierai pas ce que je dois à l'école : une ouverture sur le monde et sur mes semblables. La chance que j'ai eue, la possibilité de m'élever socialement, chaque Français doit pouvoir en profiter. Comment accepter que l'école devienne un lieu où se reproduisent les inégalités ? La fabrique nationale de la précarité ? Les résultats de la dernière enquête PISA sont sans appel : en France, les élèves issus de milieux défavorisés ont quatre fois plus de risques que les autres d'obtenir de mauvais résultats. Pas moins de 40 % d'entre eux sont en difficulté scolaire. Quant aux élèves issus de l'immigration, leur niveau s'inscrit nettement en dessous de la moyenne nationale. Autant de défaites collectives qui font de la France l'un des pays les plus inégalitaires de l'OCDE. « Au cours du dernier quart de siècle, l'intensité de la reproduction sociale a très peu diminué », observe le sociologue Camille Peugny. La société française demeure une société de castes : près de la moitié des fils d'ouvriers sont eux-mêmes ouvriers, contre un sur dix pour les fils de cadres supérieurs.

Il faut inverser les perspectives, réenchanter l'horizon des nouvelles générations, leur donner les moyens de construire un avenir à leur image. La gauche a toujours porté les espoirs de la jeunesse. Je suis entré en politique pour défendre le droit à l'éducation. En 1986, mes amis et moi sommes descendus dans la rue pour lutter contre la réforme Devaquet, qui voulait soumettre les étudiants à la sélection sauvage de l'argent. Est-il un moyen plus sûr de brimer les nouvelles générations ? Le gouvernement d'alors n'a pas hésité à tourner la police contre une foule jeune et éprise de justice. Aujourd'hui encore, le nom d'un étudiant fait écho à ces violences, celui de Malik Oussekine, victime des voltigeurs assermentés de Charles Pasqua. « Si la jeunesse n'a pas toujours raison, affirmait Mitterrand, la société qui la méconnaît et qui la frappe a toujours tort. »

J'ai vu la droite opprimer la jeunesse de son pays. J'en ai tiré une leçon pour l'avenir : la justice sociale et les droits de l'homme ne sont jamais offerts, ils se conquièrent. Bien plus tard, en 2014, j'ai éprouvé une immense fierté à diriger l'Éducation nationale, ministère responsable de douze millions d'élèves et de près d'un million de fonctionnaires. Si, par fidélité à mes valeurs, j'ai démissionné au bout de quelques mois, je n'en ai pas moins acquis la conviction qu'il fallait libérer toutes les énergies de l'institution pour atteindre l'égalité réelle.

Dans notre pays, naître doit-il suffire à s'assurer un avenir ? Sommes-nous revenus aux temps de l'Ancien Régime ? Pour lutter contre l'esprit de caste à l'école, les professeurs doivent être encouragés. Au cours du prochain quinquennat, je leur apporterai un nouveau souffle. Quarante mille enseignants supplémentaires seront recrutés : leurs classes compteront moins d'élèves, ils accéderont plus facilement à la formation continue et les remplacements seront facilités.

Je limiterai à vingt-cinq le nombre d'écoliers par classe en CP, CE 1, CE 2, et l'abaisserai même à vingt dans les écoles de l'éducation prioritaire, des territoires ruraux et des outremers. Le combat ne doit pas se limiter aux bancs de l'institution. Au-delà de ses murs, bien des inégalités persistent. Certains élèves ont la chance d'être aidés par leur famille ou de suivre des cours particuliers. D'autres sont sans ressources. Je veux que chaque élève, chaque famille profite gratuitement d'un service public d'aide aux devoirs.

La droite conçoit l'excellence comme une vertu individuelle : chacun sa route, chacun ses résultats. Cette conviction, en plus d'être élitiste, passe à côté d'un formidable atout collectif : partout où la mixité scolaire existe, les résultats sont meilleurs pour tous les élèves. M'appuyant sur cette précieuse force collective, je m'attaquerai de front à la ségrégation scolaire. Une République qui reprend sa promesse d'égalité est-elle encore une République ? Par la sectorisation, les affectations ou encore la constitution des classes, j'encouragerai la mixité sociale dans tous les établissements, en particulier dans les collèges. Il ne doit plus exister en France un seul ghetto scolaire, riche ou pauvre.

Ce sont les professeurs de la République qui bâtissent l'égalité sociale de notre pays. Beaucoup souffrent d'un manque de reconnaissance. Au-delà des rémunérations et des perspectives de carrière, ils expriment une forme de lassitude face à des réformes tombant du ciel comme des oukases, sans concertation. Les hommes et les femmes qui dispensent le savoir ne peuvent être considérés comme de simples exécutants. Les enseignants veulent une autre gouvernance de l'école, à l'écoute des besoins, des initiatives, des innovations. Au lendemain de mon élection, je tiendrai les promesses que la République a faites aux professeurs et aux élèves.

L'enseignement ne se résume pas à une somme de savoirs. Il incarne aussi une communauté de vues. À l'école, on apprend à se connaître soi-même et à connaître les autres. L'accès à la culture soulève des questions essentielles. Qui étions-nous ? Qui sommes-nous ? Qui serons-nous demain ? Être en contact avec la création, fréquenter les bibliothèques, pratiquer les arts, c'est ouvrir autant de fenêtres. Ces gestes, la droite et l'extrême droite semblent les prendre à rebours quand elles chantent la gloire d'une nation pâle et étriquée.

Je ne me reconnais pas dans cette France sépia qui ressemble à un bibelot sur une étagère. Les musées, la littérature, les œuvres d'art nous enseignent que notre pays est une entité vivante qui respire dans le temps, qu'elle est le fruit de multiples influences, que nos ancêtres ne sont pas tous gaulois, que la bataille d'Alésia n'est pas l'an 1 de notre histoire. Les professionnels du désenchantement font de notre passé un roman poussif. Un récit qui manque d'air. Ils racontent une France campée sur ses origines, identique à travers les siècles. Ils oublient que notre pays prend tout son sens à l'épreuve d'un continent, d'un monde, d'une humanité. Il est toujours allé de l'avant, sûr de sa force et de ses moyens : Louis X a fait de l'appartenance à la France une affaire de volonté et non de sang ; le peuple de 1789 s'est donné une Constitution utile à son bonheur ; les Justes ont résisté aux lois de l'Occupation pour sauver les grandes idées de leur pays… Je suis partisan d'une France ouverte et progressiste, une France qui ne se détourne pas d'un passé lumineux, qui renoue avec le souffle et la joie de ses grands penseurs.

Nous avons plus que jamais besoin d'être éduqués à la différence. Fernand Braudel avait mille fois raison quand il affirmait : « La France se nomme diversité. » La gauche a permis de faire vivre ces différences en accordant à chacun des « droits culturels » qui facilitent l'accès aux œuvres de notre patrimoine commun. Cultures savantes, humanistes, populaires, autodidactes, alternatives ou urbaines participent au foisonnement de notre vie artistique. Cette diversité, le monde entier nous l'envie, comme en témoigne le succès des créations hexagonales à l'étranger. Une politique culturelle forte a le pouvoir de rassembler les Français dans un élan commun. L'humour, les innovations technologiques, les inspirations soudaines sont autant d'occasions d'interroger nos valeurs et de porter un autre regard sur ceux qui nous entourent.

Mener la bataille culturelle exige de renouveler sans cesse notre rapport au monde, à l'imaginaire. Les artistes, offrant d'autres lectures du réel, nous éveillent et nous portent. Il est essentiel qu'ils puissent vivre de leur travail. À nous de leur offrir les meilleures conditions pour créer. Si le régime de l'intermittence permet de protéger la création, beaucoup n'y ont pas accès : plasticiens, auteurs, scénaristes, compositeurs, designers…, tous devraient avoir droit à un statut et une protection sociale dignes de ce nom. Le temps de la création est long, incertain. Au cœur des bouleversements numériques, les artistes sont encore trop souvent les seuls à ne pas profiter de la manne de l'économie digitale, qui offre par ailleurs de précieux moyens de diffusion et de nouveaux outils créatifs. Pour pallier cette injustice, il faut inventer d'autres mécanismes de redistribution. S'il appartient à un artiste de faire connaître gratuitement ses œuvres pour rencontrer un large public, une telle décision ne peut tenir lieu de règle générale. Aujourd'hui, les GAFA — Google, Apple, Facebook, Amazon — s'emparent des créations et refusent d'en payer les droits. Tout comme ils refusent de participer à l'effort fiscal des pays qui accueillent leurs activités. Élu président, je les mettrai face à leurs responsabilités.

J'aurai aussi à cœur de défendre, à l'échelle européenne, l'exception culturelle française. Nous lui devons le prix unique du livre, le financement du cinéma, et plus généralement la vitalité de notre secteur artistique. Les biens culturels ne sont pas des marchandises comme les autres. Croire que la culture se résume à ses mécanismes de financement est une grave erreur. C'est d'abord en favorisant l'émergence d'une volonté démocratique et citoyenne que les arts pourront fleurir au sein de l'Union.

La culture ne saurait être le domaine réservé d'une élite. Lorsque l'économie marque le pas, lorsque la promotion sociale se fige, c'est aux plus défavorisés que les arts commencent par échapper. La culture s'impose alors comme l'attribut exclusif d'une classe dominante et stigmatise ceux qui en sont tenus éloignés par leur milieu. Faciliter l'accès de tous aux arts et à la culture, ce n'est pas encourager l'oisiveté. Voilà bien un argument de droite ! Les tenants du libéralisme semblent parfois en être restés aux débats sociaux du XIXe siècle ! La gauche, elle, a toujours lutté pour offrir plus de temps libre aux travailleurs. Elle a toujours été attentive à la création. Le revenu universel d'existence offrira un précieux soutien à l'épanouissement artistique de chacun. Le temps libre, c'est aussi le temps de la réalisation de soi, de la création, de l'émancipation.

À l'heure où les peuples se replient sur eux-mêmes, où l'on gouverne en cent quarante signes, où l'environnement se retourne contre ceux qui l'ont offensé, il est temps de prendre le parti de la tempérance. Nous vivons un moment décisif. Notre pays est à la croisée des chemins. Il faut s'engager dans cette élection présidentielle en gardant à l'esprit que les extrémistes ont une chance réelle de l'emporter. Dans un monde livré à l'absurdité, les fous peuvent devenir rois. Il ferait soudain bien sombre au pays des Lumières.

L'élection présidentielle est l'occasion d'envoyer un signal fort au reste du monde. Nous pouvons renverser le cours des événements et impulser une dynamique positive. Pour l'heure, dans le reste du monde, toutes les tentatives de résistance demeurent inabouties. Bernie Sanders aux États-Unis. Les Indignés en Espagne. Les mouvements étudiants en Amérique du Sud. Autant de refus de l'ordre libéral portés par la jeunesse. Tous ont fait naître de nouvelles aspirations. Rien ne sera plus jamais comme avant. Tout reste pourtant à accomplir.

La France peut-elle être le premier pays où l'espérance l'emporte ? La bataille des urnes se gagne d'abord dans les têtes. J'ai confiance en la démocratie. J'ai confiance en notre intelligence. Ne laissons pas nos craintes prendre le pouvoir. Ne laissons pas les professionnels de la peur éteindre la lumière. C'est à la jeunesse de notre pays de transformer l'essai, de relever l'étendard de la gauche, de porter un coup d'arrêt à la spirale régressive et nationaliste dans laquelle la planète semble emportée. L'onde de choc serait alors européenne et mondiale. Pour s'en convaincre, il suffit d'observer l'intérêt suscité à l'étranger par les résultats de la primaire de la gauche. Soyons à la hauteur de l'attente que l'on place en nous.

Quand un pays est saisi par le doute, quand les anciens repères vacillent, est-il avisé de s'en remettre aux mêmes cadres qu'il y a dix, vingt ou trente ans ? Je suis l'enfant de ceux qui ont fait Mai 68. Ceux-là mêmes qui affirmaient qu'il était interdit d'interdire. Aujourd'hui, certains d'entre eux semblent se raviser : ils nous empêchent de rêver, raillent notre part d'utopie et font primer leurs privilèges sur nos espoirs. Ils se sont résignés à l'ordre libéral et nous reprochent d'être ce qu'ils furent.

Les combats de nos parents ont permis aux individus de se libérer et de s'épanouir. Maintenant s'ouvre le temps exaltant des communs. Engageons la grande transition écologique, sociale et démocratique vers un monde bienveillant.

Quelque chose doit changer. Il est l'heure de passer le témoin à la génération qui vient. Pour la génération qui vient.

Achevé d'imprimer
sur Roto-Page
par l'Imprimerie Floch à Mayenne
en mars 2017.
Dépôt légal : mars 2017.
Numéro d'imprimeur : 90845.

ISBN : 978-2-84990-515-9 / Imprimé en France.